AF264211

NOTES

SUR

L'ORGANISATION

DE L'INDO-CHINE

PARIS

LIBRAIRIE MILITAIRE DE L. BAUDOIN ET Ce

LIBRAIRES-ÉDITEURS

30, Rue et Passage Dauphine, 30

1885

NOTES

SUR

L'ORGANISATION

DE L'INDO-CHINE

PARIS

LIBRAIRIE MILITAIRE DE L. BAUDOIN ET Cⁱᵉ

LIBRAIRES-ÉDITEURS

30, Rue et Passage Dauphine, 30

—

1885

NOTES

SUR

L'ORGANISATION DE L'INDO-CHINE

I.

Les opérations militaires sont terminées au Tonkin, nos droits sont reconnus officiellement par nos voisins, et si nos colonnes et nos canonnières ont encore de longues et lourdes fatigues à supporter pour pacifier le pays, si la présence d'un corps expéditionnaire important est encore indispensable pour parer aux dangers d'un oubli de la signature donnée, oubli trop fréquent chez les Orientaux, la situation dans le nord de l'Indo-Chine n'est plus exclusivement militaire ; il y a place pour une organisation qui, tout en tenant compte des incertitudes, des transactions de la période actuelle, puisse préparer l'avenir et se plier aux modifications qui tôt ou tard se produiront, d'elles-mêmes sans doute, en ne provoquant ni commotion intérieure, ni lutte extérieure. Or, si une organisation régulière est possible, il est urgent de s'en préoccuper dès maintenant, de l'étudier dans son ensemble et dans ses détails : les tentatives successives, sans plan arrêté d'avance, les transformations, soit dans la constitution même d'une colonie, soit dans son administration, ce sont là des fautes que nous n'avons su éviter ni en Algérie, ni dans la Basse-Cochinchine, qu'il importe de ne pas renouveler aujourd'hui. Il faut élaborer complètement le plan d'organisation, la constitution de l'Indo-Chine, en discuter avec grand soin tous les détails, — mais, une fois arrêté, mis à exécution, ce plan ne doit pas être modifié soit pour donner, ce qui est arrivé trop souvent, quelque satisfaction à un corps, à une personnalité, soit pour remédier, par un remaniement général, à quelque défectuosité reconnue dans les détails.

Et tout d'abord, il ne s'agit pas ici du Tonkin, de l'Annam ou du Cambodge; l'organisation de chacun de ces éléments de l'Indo-Chine est secondaire en présence de la question que nous nous proposons d'examiner; chacun de ces pays peut avoir son autonomie plus ou moins grande, sa constitution spéciale, sa législation parfois bizarre, sans que pour cela l'action générale de la France dans l'Indo-Chine soit modifiée; il s'agit uniquement de l'Indo-Chine considérée dans son ensemble, des relations de cet empire colonial, analogue à l'empire Indien, d'une part avec la métropole, de l'autre avec les quatre parties dont il se compose.

La question présente un intérêt des plus grands, car si nous jetons les yeux sur nos colonies actuelles — et Dieu nous garde d'en chercher de nouvelles — l'Indo-Chine seule, avec le Sénégal, peut offrir à notre commerce des débouchés suffisants pour motiver, pour expliquer les sacrifices que la métropole s'impose.

Avons-nous eu raison de nous emparer, en 1859, de la Basse-Cochinchine ? Avons-nous eu raison de provoquer l'expédition de Francis Garnier et de signer plus tard le traité de 1874 qui restait comme une menace constante d'intervention ? A-t-on sagement agi quand, par l'envoi du commandant Rivière au Tonkin, on a fait passer à l'état aigu une crise qui nous a coûté, depuis, tant d'hommes, tant d'argent ? Pour nous, nous ne le pensons pas, mais à quoi servirait-il de récriminer contre ces faits ?

Notre commerce, notre industrie n'ont pas trouvé en Cochinchine des débouchés permettant de compenser ce que nous a coûté, en argent seulement, cette conquête. Notre influence n'est pas devenue beaucoup plus grande, grâce à nos hésitations vis-à-vis des Orientaux. Nos croiseurs y ont acquis un port excellent comme base d'opération, mais ce port n'est pas protégé. Des trois raisons d'être d'une colonie, deux au moins ne se trouvent donc pas en Cochinchine, et la troisième aurait pu être satisfaite avec une occupation beaucoup plus limitée; mais serait-ce une raison pour abandonner la Cochinchine ? et, par cela même que pour l'Indo-Chine la situation serait identique, est-ce une raison pour l'abandonner ? Les fautes commises en matière coloniale sont de celles qu'on ne répare pas : quand on est engagé dans cette voie, il faut la suivre et, lorsque pour la première fois, des motifs d'ordre religieux nous ont entraînés sur les côtes de l'Annam, quand en 1874, l'Assemblée nationale, pour protéger les missionnaires, nous a rivé le Tonkin aux pieds, le mal était fait, nous étions prisonniers de nos conquêtes futures. Comment, en effet, abandonner des colonies dans lesquelles on est établi par le droit de conquête et par celui des traités? Certes les bénéfices de notre commerce ne couvriront pas les millions déjà dépensés et que la Chine, hélas ! ne nous rembourse pas ; mais enfin ce commerce existe : nous retirer, c'est le supprimer entièrement, et il est permis d'espérer que les frais d'occupation (ceux de premier établissement étant passés par profits et pertes) seront équilibrés par les bénéfices de ce commerce, à la condition qu'un régime réellement protecteur nous assurera non seulement le marché de l'Indo-Chine, mais encore le transit vers le Yunam et le Laos.

II.

Nous nous proposons d'étudier quelle doit être l'organisation de l'Indo-Chine, mais cette organisation dépend, dans une certaine mesure, de la manière dont on envisagera ce pays dans ses rapports avec la métropole et par suite de l'autorité métropolitaine dont il relèvera : c'est donc ce point qu'il importe de traiter tout d'abord.

Peut-on rattacher l'Indo-Chine à des pouvoirs différents ? Placer le Tonkin sous les ordres du ministre de la guerre parce que ce pays est occupé par un corps d'armée dépendant de son département ? L'Annam, dans les attributions du ministre des affaires étrangères parce qu'un ministre plénipotentiaire réside à Hué ? La Basse-Cochinchine, et son satellite le Cambodge, dans le ressort du ministère des colonies parce qu'on hésiterait sans doute à lui enlever le plus beau des fleurons de sa couronne ? — Ou bien, séparant les pays à l'état de colonie de ceux qui ne sont encore que des protectorats, confier ces derniers au ministère des affaires étrangères ? Pour nous, il nous paraîtrait impossible d'admettre une pareille solution. L'Indo-Chine est une : une seule autorité dans la métropole doit la diriger, défendre ses intérêts dans les conseils du gouvernement ou devant le Parlement.

Des raisons de bonne administration non moins que d'économie réclament l'unité de vues et de direction; s'il s'agit par exemple du régime douanier, de celui des contributions indirectes, il n'est pas admissible que des pourparlers doivent être engagés entre deux ministères pour régler cette question locale. Puis ces différents pays ont des intérêts trop intimement liés pour qu'on puisse éviter de placer à leur tête un chef commun, ayant la haute direction de la politique intérieure et extérieure; ce chef commun pourrait-il relever de deux ministres ? recevoir des instructions diverses en ce qui regarde la Cochinchine et le Cambodge (car il n'y aurait aucune raison pour laisser le Cambodge avec la Cochinchine du moment où on ferait un partage d'attributions par ce motif que l'état de protectorat est différent de celui de possession)? Pourrait-il faire prévaloir vis-à-vis des conseils ou des gouvernements locaux des idées différentes au point de vue commercial suivant qu'elles émaneraient du quai d'Orsay pour la cour de Hué, ou de la rue Royale pour le conseil colonial de Saïgon ?

Peut-être à un chef unique relevant de deux ministres, préférerait-on deux chefs locaux relevant chacun d'un ministre, mais alors les difficultés deviendraient bien plus grandes encore. Sans parler de la situation géographique de ce protectorat français dont une des parties serait séparée des autres par une colonie française, on peut se demander ce que seraient les relations entre ces deux autorités égales, appelées à discuter chaque jour des questions irritantes, sous un climat qui n'est pas de nature à faire disparaître les inégalités de caractère. On nous dira peut-être que cette situation n'est pas nouvelle, que c'est celle du gouverneur général de l'Algérie et du ministre de France à Tunis; mais on oublie que les questions à traiter entre eux ne sont pas très considérables, que l'un et l'autre sont à portée de la métropole — que le télégraphe n'est par leur seul moyen de communication rapide, et que des instructions détaillées peuvent leur être adressées par leurs chefs respectifs avant que le moindre conflit ait pu s'élever — que l'Algérie et la Tunisie vivent indépendantes l'une de l'autre, tandis que dans l'Indo-Chine chacune des parties aura pour longtemps encore un besoin constant de ses voisines — qu'à portée de la métropole, dans un pays civilisé les relations sont plus faciles — que cette solution par suite, qui n'est peut-être pas la meilleure pour les côtes de la Méditerranée, serait absolument impraticable au delà du détroit de de Singapore.

D'ailleurs, comment ferait le ministre des affaires étrangères pour assurer le fonctionnement de nombreux services qu'entraîne un protectorat même aussi réduit que possible ? Les résidents ne sont pas des consuls ; pour qu'ils puissent rendre des services, il faut qu'ils constituent un corps restant en place, assez nombreux pour offrir des garanties d'avancement ; le département des affaires étrangères n'est, par suite, pas en mesure de lui donner une vitalité suffisante. Mais ce serait pour la justice surtout que des difficultés se présenteraient : on a souvent médit de la magistrature coloniale ; on a cité des exemples peu à son avantage, mais si on avait examiné les origines, les dossiers de ces magistrats, on se serait aperçu que ceux qui font leur carrière de la magistrature coloniale, qui y entrent dès leur début, prêtent rarement à la critique ; c'est parmi les magistrats recrutés dans les tribunaux métropolitains, qu'à côté d'hommes intègres et éminents, on rencontre ces quelques brebis égarées, heureuses de cacher dans les colonies des irrégularités de conduite ou des dettes criardes, et qui, sous le climat des tropiques, renouvellent les unes et accroissent les autres. Or, comment recruter les magistrats du Tonkin, de l'Annam et du Cambodge (car nous supposons que, même en laissant aux indigènes leurs tribunaux et leurs codes, quelque inadmissibles que ceux-ci puissent être à côté de notre législation, on confierait à des juges français le soin de connaître des questions intéressant nos compatriotes), si ce n'est parmi les magistrats métropolitains, le jour où on enlèverait au service des colonies les pays de protectorat ? Une magistrature coloniale, formant corps, pouvant se renouveler par le passage de ses membres fatigués dans le cadre métropolitain, est nécessaire pour assurer une bonne justice dans nos établissements d'outre-mer ; il deviendrait impossible de la constituer au Tonkin le jour où le Département des affaires étrangères y aurait la direction de nos affaires.

Enfin, nous signalons l'augmentation de dépenses qui résulterait d'une dualité des services dans l'Indo-Chine, non seulement par suite de la création d'une seconde administration centrale, mais encore et surtout par suite de l'organisation de doubles services locaux pour les douanes, les contributions indirectes, etc.

Nous comprenons bien que le motif du rattachement que proposent certaines personnes est qu'il ne faut pas confondre les colonies et les pays de protectorat. Mais il ne nous paraît pas qu'il y ait une aussi grande différence entre un protectorat effectif comme celui que nous exerçons, au moins au Tonkin et au Cambodge, et une action coloniale aussi peu exigeante que celle qui est exercée sur les établissements d'outre-mer, dotés de conseils généraux ou locaux. En admettant même que le protectorat ne doive pas mener, à bref délai, à l'annexion, l'action directrice métropolitaine peut se faire sentir de la même manière sur le souverain d'un pays protégé que sur le conseil élu d'une colonie. Et d'ailleurs, ce ne serait pas la première fois que l'on réunirait sous la même autorité une colonie et un protectorat : depuis 1843, date de la première loi consacrant la création des établissements de l'Océanie, jusqu'au traité d'annexion des États de Pomaré, en 1880, il y avait un commissaire général du Gouvernement français chargé des relations avec les différentes îles protégées, qui était en même temps le gouverneur des îles déjà annexées, les Marquises par exemple, et jamais cette double situation n'a donné lieu à la moindre difficulté; il n'y a donc nulle raison pour qu'il en soit autrement dans l'Indo-Chine.

Ainsi, une seule autorité locale, une seule autorité métropolitaine, et celle-ci est nécessairement le ministre chargé des colonies qui a entre les mains le personnel, les moyens d'action, qui peut, en partant de l'organisation actuelle de la Cochinchine, créer et maintenir très aisément les différents services nécessaires dans le reste de l'Indo-Chine

III.

De ce qu'un chef unique doit représenter l'administration métropolitaine, il n'en faudrait pas conclure que les quatre parties de l'Indo-Chine doivent être intimement liées l'une à l'autre; l'une d'elles est une colonie, les trois autres nous sont attachées par des traités de nature très différentes. Il ne faudrait pas que l'une d'elles s'imposât aux autres ou à quelqu'une des autres, que l'on fît, ce qui est aussi contraire aux intérêts locaux qu'aux droits de la métropole, une colonie de colonie. Cette question s'est posée, il y a plus de dix ans, lors des premières tentatives au Tonkin, elle s'impose aujourd'hui, et on ne saurait la résoudre avec trop de netteté; il faut détruire des illusions que de longues hésitations ont pu faire naître et se développer. Nos compatriotes de Saïgon ont toujours pensé que le Tonkin était destiné à devenir une annexe de la Basse-Cochinchine ; ils n'ont pas hésité à imposer, pour arriver au résultat actuel, de lourds sacrifices au budget local, et les indigènes supportent, soit dans ce but, soit au sujet du Cambodge, des charges considérables.

Il est évident que le budget local de la Cochinchine, augmenté de celui du Tonkin, permettrait de réaliser des projets très vastes, que dans l'assemblée locale où les Français du Tonkin se trouveraient nécessairement en minorité, la ligne de conduite suivie pourrait être profitable à Saïgon et à ses habitants. Mais ne se trompe-t-on pas sur les ressources du Tonkin, surtout sur les dépenses qu'on aura à y entreprendre et qu'il ne faut pas songer à demander à la métropole ? Puis, le pivot de l'action française dans l'Indo-Chine ne se déplacera-t-il pas, et n'est-on pas exposé à voir le Tonkin prendre la prépondérance et agir vis-à-vis de la Cochinchine comme celle-ci aurait agi au début à son égard ? Quel que soit notre attachement pour la Cochinchine, attachement commun à tous ceux qui ont pris part aux débuts de cette colonie, qui l'ont vu grandir et prospérer, nous repoussons une pareille solution qui n'est même pas avantageuse à Saïgon, sinon peut être dans le présent, du moins dans un avenir prochain.

Les différentes parties de l'Indo-Chine ont des intérêts généraux communs, mais elles ont aussi des intérêts particuliers parfois opposés, et leur organisation politique même empêche de détruire leur autonomie ; elles ne doivent avoir de commun que le lien avec la mère-patrie.

Quelle doit être la force de ce lien ? Quels sont les services dont la métropole doit se réserver la direction exclusive ? Avec quelles ressources pourra-t-on subvenir à ces dépenses ? Où devra être établie cette direction commune ? Tels sont les points que nous nous proposons d'examiner.

On a bien souvent dit qu'en matière coloniale la métropole devait subvenir (avec ou sans contribution locale), à toutes les dépenses de souveraineté et de protection, diriger par suite, sans aucun abandon aux pouvoirs locaux, les services qui ont pour mission d'assurer le maintien du drapeau national, la sécurité matérielle et morale. Ce qui est vrai d'une colonie est tout aussi exact d'un pays de protectorat, avec les quelques différences résultant des traités : partout où notre pavillon flotte, les relations diplomatiques, la défense du sol, l'administration de la justice (en dehors des questions qui intéressent les indigènes seuls) et l'exécution de ses décisions doivent être entre les mains des représentants de la France. Aucune de ces branches de l'administration ne peut, en tout ou en partie, être abandonnée.

L'action métropolitaine doit d'ailleurs, quand il s'agit de colonies [1], s'exercer sur d'autres matières, par exemple, la législation et la sanc-tion des délibérations des conseils locaux; elle peut même, en pays de protectorat, réclamer dans certains cas un droit de contrôle sur la législation, mais ce sont là des droits qui s'exercent en vertu d'actes spéciaux, et ils peuvent être délégués au gouverneur général de l'Indo-Chine ou à ses représentants dans les pays protégés, sans que cela touche en rien aux principes généraux de l'organisation. Ce gouverneur général doit donc exercer personnellement, ou par les chefs de service placés auprès de lui, les diverses attributions que nous avons passées en revue : représentant de la politique générale de la France, il communique seul avec le Gouvernement [2]; chargé de l'action diplomatique, il s'occupe personnellement des relations à ouvrir avec les pays limitrophes, il est l'intermédiaire obligé des relations que les pays protégés conservent avec les autres puis-sances; les traités de protectorat font des résidents généraux les véritables ministres des affaires étrangères de l'Annam et du Cam-bodge, mais le gouverneur de l'Indo-Chine doit être considéré comme réunissant tous les pouvoirs des résidents; il devient donc titulaire d'attributions que les résidents peuvent exercer, d'ailleurs, en partie par délégation.

Outre les chefs de service dont nous examinerons plus tard le nom-bre et les attributions, il semble indispensable que le gouverneur ait autour de lui un conseil de gouvernement consultatif analogue au conseil de gouvernement en Algérie; mais les membres de ce conseil pourraient être utilisés dans le rôle de *missi dominici* chargés de se

---

[1] Nous désignons ici sous le nom de colonies les possessions d'outre-mer qui ne peuvent être assimilées à la métropole, dans lesquelles les conseils locaux peuvent jouir d'une grande indépendance, mais qui, par conséquent, ne nous paraissent avoir aucun titre à la direction des affaires métropolitaines. La Martinique, la Guadeloupe, la Réunion, Saint-Pierre et Miquelon qui sont de véritables départements, ce dernier, un canton français, ne rentrent naturellement pas dans cette catégorie.

[2] Ceci ne s'appliquerait pas bien entendu aux questions de détail : les chefs de service en Cochinchine, les résidents à Hué, à Pnompenh, à Quang-Yen traiteraient naturel-lement avec l'administration centrale tous les détails administratifs.

rendre successivement dans les provinces. Peut-être y aurait-il lieu d'ailleurs, d'examiner si ce conseil ne devrait pas être substitué, pour la juridiction administrative, au conseil du contentieux actuel de la Cochinchine.

Les seuls chefs de service nécessaires dans une administration ainsi constituée sont : un commandant des troupes, un commandant de la marine, un chef du service judiciaire et un trésorier payeur[1]. La garnison de l'Indo-Chine placée sous le commandement d'un officier général comprendra nécessairement des troupes européennes et des troupes indigènes au service de la France, en dehors des troupes indigènes que peuvent conserver les pays de protectorat. Les troupes indigènes doivent être évidemment recrutées par les soins des administrations spéciales à chaque partie de l'Indo-Chine, mais en dehors du recrutement, l'administration, la direction de ces troupes appartient exclusivement au commandant des troupes; celui-ci doit, d'ailleurs, par ses délégués placés dansles pays de protectorat, suivre les questions relatives aux troupes locales. La distribution des troupes entre les diverses parties de l'Indo-Chine appartient exclusivement au commandant des troupes, d'après les instructions concertées avec le gouverneur général.

Le service militaire doit comprendre naturellement tout ce qui en relève, les hôpitaux par exemple; rien n'empêcherait, d'ailleurs, les hôpitaux militaires de recevoir à titre de remboursement les fonctionnaires et agents des services locaux, et même les négociants européens, là où il n'existerait pas d'hôpital civil.

Le commandant de la marine doit exercer un rôle analogue vis-à-vis de la station locale et des flottilles de rivière; il a sous ses ordres directs, sans que les pouvoirs locaux puissent s'en occuper, les établissements de la marine, arsenaux, magasins, etc.

Quant à l'organisation judiciaire, ce n'est pas le lieu de la traiter dans une étude aussi succincte : nous nous contenterons d'indiquer qu'il nous paraît indispensable de n'avoir qu'une seule cour d'appel pour toute l'Indo-Chine; une chambre de cette cour pourrait être détachée au Tonkin et connaître des appels des jugements rendus, soit par les tribunaux de première instance, soit par les justices de paix à compétence étendue; un avocat général y remplirait les fonctions

---

[1] Si, comme nous l'indiquons plus loin, les douanes étaient rattachées au gouvernement central, il y aurait lieu de prévoir en outre un directeur des douanes.

de délégué du chef de service de la justice. Nous ne nous dissimulons pas que l'extension de la justice française dans l'Indo-Chine est appelée à surcharger peu à peu la Cour de cassation de tant de travail qu'il faudra remédier à cette situation, mais le moment n'est pas encore venu et il nous paraîtrait peu sage, actuellement du moins, de créer deux cours ou tribunaux supérieurs dans l'Indo-Chine, avec une sorte de cour de cassation locale.

Le procureur général de la cour de l'Indo-Chine serait le chef du service judiciaire. Il n'y aurait pas d'inconvénients à ajouter à ses fonctions ordinaires le soin d'assurer l'exécution des jugements et à lui confier la direction du service pénitentiaire; le bagne de Poulo-Condore, la prison centrale qu'il faudra créer sur un des points de la colonie, ne sont pas des établissements locaux; ils doivent être entretenus aux frais de l'État.

Quant au Trésor, comme il aurait à remplir uniquement le service de payeur, il pourrait être réduit au nombre d'employés strictement nécessaire pour assurer les dépenses des troupes. L'ordonnancement serait fait par les chefs de service; les inspecteurs des services administratifs et financiers des colonies exerceraient les fonctions qui leur sont dévolues, soit comme contrôle permanent, soit comme inspection mobile.

La dépense de ces divers services, dépense considérable, doit, dans le système que nous indiquons, être supportée par le budget métropolitain, mais pour que l'on ne soit pas tenté de dépasser les prévisions, pour que l'on connaisse, dans tous les cas, les dépenses réelles qu'entraîne l'occupation de l'Indo-Chine, nous croyons qu'il faudrait en faire un budget distinct, annexe du budget général, comme l'est celui de la Légion d'honneur ou celui de la caisse des invalides de la marine; ce budget serait chaque année voté par le Parlement qui fixerait ainsi en même temps les contributions assignées à chacune des quatre parties de l'Indo-Chine.

En recettes, ce budget comprendrait, avec les revenus des douanes, le produit de ces contributions et de celle de la métropole; en dépenses, il devrait satisfaire à tous les frais du gouvernement général, de la justice et des prisons, des troupes et de la marine; les dépenses en frais de passage par les transports de l'État devraient nécessairement être remboursées à titre de cessions par ce budget à celui de la marine.

Il peut être intéressant de rechercher quel serait approximativement le total de ce budget, à combien pourraient s'élever les contributions à réclamer de chaque établissement, quelle serait, en définitive, la charge incombant aux finances nationales.

Sans entrer dans le détail des calculs d'après lesquels nous avons établi les chiffres suivants, nous nous contenterons d'indiquer, à grands traits, les principaux articles de ce budget.

Gouvernement général. Conseil du gouvernement (personnel et matériel).	400,000 fr. [1]
Justice (personnel et matériel)	2,000,000 [2]
Prisons (personnel et matériel).	800,000 [3]
Troupes européennes (10,000 hommes)	15,000,000 [4]
Troupes indigènes (10,000 hommes).	5,200,000 [5]
Marine.	4,000,000 [6]
Construction de casernes et de fortifications . .	2,000,000
Trésorerie.	200,000
TOTAL.	29,600,000 fr.

Ce total représente la somme des dépenses de souveraineté et de protection. Peuvent-elles être supportées entièrement par l'Indo-Chine, ou la métropole est-elle obligée, momentanément du moins, d'en garder une partie à sa charge?

Pour répondre à cette question, il est nécessaire de rechercher quelle serait la contribution de chacune des parties de l'Indo-Chine, en tenant compte de la population et des forces contributives de

[1] En Cochinchine, la dépense du gouvernement (personnel et matériel) est de 318,000 fr. dont 54,000 fr. au compte de la métropole. On peut compter que le conseil du gouvernement coûterait environ 80,000 fr.

[2] La justice coûte en Cochinchine 918,937 fr. Dans tous ces calculs la piastre est comptée à 4 fr. 65.

[3] Le pénitencier de Poulo Condore coûte (budget de 1884) 204,000 fr.

[4] Le prix de revient d'un militaire aux colonies ressort à 1272 fr. (officiers compris), si on totalise la dépense des chapitres 8, 9 et 10 du budget marine, 9, 10 et 12 du budget colonial. Mais il faut remarquer que les crédits prévus au titre des vivres et hôpitaux sont presque toujours insuffisants, que d'autre part, ceci ne comprend ni les frais de passage ni l'entretien des casernes; il n'est donc pas exagéré d'adopter un chiffre de 1,500 fr. par homme.

[5] Le budget de la Cochinchine prévoit pour 2,306 tirailleurs (officiers compris) 1,180,738 fr., soit 512 fr. par homme, que l'on doit porter à 520 fr. pour tenir compte des frais de passage du personnel métropolitain.

[6] Le budget de 1885 prévoit pour les subdivisions de Cochinchine et du Tonkin 3,542,000 fr.; mais il sera évidemment nécessaire de les renforcer.

celle-ci. Nous avons déjà eu l'occasion d'indiquer que les forces contributives d'un pays doivent être déterminées en tenant compte de la valeur de la journée de travail ; or, il résulte des dernières publications statistiques qu'alors que la journée de travail d'un indigène, employé par un autre indigène, peut être évaluée à 0 fr. 50 en Basse-Cochinchine, elle est de 0 fr. 35 seulement au Tonkin (et probablement par suite dans l'Annam). D'autre part, on ne saurait oublier que l'indigène des pays de protectorat doit subvenir aux frais de la justice et des quelques troupes conservées par le gouvernement protégé ; il paraît donc équitable de réduire sensiblement la force contributive comparative aux dépenses communes pour les habitants du Tonkin, de l'Annam et du Cambodge. Nous la fixerons, pour une première étude approximative, à la moitié et, en doublant, par suite, la part afférente à la Basse-Cochinchine, nous répartirons la dépense totale de la manière suivante :

	Population.	Part contributive.
Basse-Cochinchine. .	1,690,000	8,300,000
Cambodge.	1,000,000 [1]	2,300,000
Annam.	2,000,000 [1]	4,600,000
Tonkin.	6,000,000 [1]	14,400,000
	Total.	29,600,000

Cette charge dépasserait-elle les ressources du pays ? Les renseignements que nous possédons permettent de répondre à cette question, en ce qui concerne la Basse-Cochinchine et le Tonkin ; il est probable que les conclusions seraient les mêmes pour l'Annam et le Cambodge.

Le budget de la colonie de la Cochinchine comprend actuellement les dépenses suivantes :

Contribution à la métropole.	1,924,000 fr.
Gouvernement.	132,000 [2]
Tirailleurs annamites	1,181,000
Justice.	919,000
Prisons	204,000 [3]
Total.	4,360,000 fr.

[1] Ces chiffres sont-ils exacts ? Il est probable qu'ils sont inférieurs à la réalité.

[2] Nous admettons que dans ces conditions nouvelles la dépense de la Cochinchine pour le gouvernement pourrait être réduite de moitié au moins.

[3] Ce chiffre ne comprend que le pénitentier de Poulo Condore.

La part qui serait réclamée de la Cochinchine serait donc trop forte de moitié, si on ne voulait pas augmenter les charges actuelles, ce qui paraît nécessaire. La même conclusion pourrait être obtenue en examinant la question au point de vue du Tonkin : l'impôt presque unique (en dehors des corvées) existant autrefois dans ce pays était celui de 1/30 de la récolte de riz, soit 1 million de piculs. D'après les mercuriales de 1883, cet impôt représenterait une valeur de 42 millions; prélever sur ce chiffre plus de 14 millions, laisserait une somme insuffisante pour l'administration intérieure, les travaux publics, et la contribution qui, pendant quelques années sans doute, sera payée à l'empereur d'Annam [1].

Il résulte de ces considérations que la contribution à réclamer des parties composantes de l'Indo-Chine devrait représenter la moitié seulement du budget ; qu'une somme de 14 à 15 millions devrait être réclamée à une autre source. Cette source de produits existera prochainement, en partie du moins : ce sont les douanes qui les fourniront : l'union douanière du pays indo-chinois est le premier pas vers l'union politique, et il est naturel de leur demander ce qu'elles pourront produire pour équilibrer le budget indo-chinois. La conséquence de cette perception serait naturellement de faire du service des douanes une administration non pas locale, mais commune, relevant par suite du gourverneur général. Les tarifs d'importation seraient votés par le Parlement national, après avis des assemblées ou gouvernements locaux [2], jusqu'à l'époque où il serait possible de constituer une assemblée indo-chinoise analogue au parlement du *dominion* canadien.

Nous ne savons ce que pourront produire les douanes; les tarifs ne sont pas encore arrêtés, et d'ailleurs des renseignements un peu précis font défaut sur les importations probables, soit pour la consommation, soit surtout pour le transit, mais quelque faible que soit ce produit, le déficit restant à combler par la métropole dans le buget indo-chinois, serait certainement inférieur à ce qu'elle dépense aujourd'hui pour la Cochinchine, soit 12,207,000 fr. [3].

[1] Ceci était écrit avant les derniers événements de Hué.

[2] Ceci n'est nullement en contradiction avec les traités de protectorat.

[3] Les dépenses du budget marine (troupes) et du budget colonial sont de 5,707,000 fr. La division navale coûte 3,542,000 fr. et les trois transports prévus au budget 2,958,000 fr.

Il nous reste à examiner un dernier point, celui de la résidence du gouverneur général. Sans doute, la situation géographique des divers chefs-lieux semblerait indiquer Hué comme le centre d'action de ce gouvernement destiné à remplacer l'ancien empire annamite; mais il est incontestable que pendant de longues années au moins, Saïgon est appelé à exercer dans le pays soumis à notre pouvoir une influence prédominante, que cette ville possède avec toute l'Indo-Chine des communications très faciles; d'autre part, elle réunit dès aujourd'hui tous les éléments nécessaires à l'installation des divers services; enfin, et c'est là une considération à nos yeux des plus importantes, on ne saurait enlever aux pionniers de la Basse-Cochinchine les avantages qu'ils ont acquis depuis plus de vingt-cinq ans. C'est donc à Saïgon que devrait être le gouverneur général de l'Indo-Chine.

L'organisation de la Cochinchine se trouverait naturellement modifiée : le représentant du gouvernement central n'aurait plus que des attributions réduites qui pourraient, peut-être, être fondues avec celles du directeur de l'intérieur.

Telle est dans ses traits principaux l'organisation qui nous paraîtrait s'adapter le mieux aux conditions dans lesquelles la France occupe actuellement l'Indo-Chine. Maintenir intacts les droits de la métropole, laisser aux diverses parties constitutives de ce vaste empire, la liberté la plus grande pour leur développement, pour leur organisation intérieure, réduire les charges de notre budget, peut-être même les faire disparaître; tel est le but que nous avons cherché à atteindre. Si les sacrifices que fait la France en entretenant des garnisons dans ce pays, peuvent être compensés par les avantages qu'y trouveront son commerce et son industrie, il est utile qu'ils n'aillent pas plus loin et que le contribuable métropolitain n'ait à payer que le strict indispensable pour l'administration de la France d'outre-mer.

Paris. — Imprimerie L. Baudoin et Cᵉ, rue Christine, 2.

PARIS. — IMPRIMERIE L. BAUDOIN ET C°, RUE CHRISTINE, 2